Le cœur météo

© 2024 Mélanie Joubert
Édition : BoD · Books on Demand, 31 avenue Saint-Rémy, 57600 Forbach, bod@bod.fr
Impression : Libri Plureos GmbH, Friedensallee 273, 22763 Hamburg (Allemagne)
ISBN : 978-2-3225-5048-7
Dépôt légal : janvier 2025

Mélanie Joubert

le cœur météo

contes arc-en-ciel
naïve éclaircie
orage destructeur
crépuscule révélateur

mélanie joubert

je les ai vu
toutes
publier leurs recueils
à mon tour

Contes arc-en-ciel

le cœur météo

il était une fois
une sage protagoniste
posée là
devant la porte
genoux ramenés contre la poitrine
on dirait qu'elle attend quelque chose
quelqu'un
comme si cet élément perturbateur
allait la sauver
pour cette fois
du trou béant qui réside en elle

mélanie joubert

j'ai croisé
ses grands yeux bleus
remplis de curiosité
j'ai cru me voir moi
petite et insouciante
qui voulait tout savoir sur la vie

le cœur météo

j'aurais aimé avoir quelqu'un
pour m'apprendre
à identifier les chants des oiseaux
à cuisiner des cookies sans recette
à dessiner les constellations
mais je n'avais personne ici
alors j'ai tout appris toute seule
grâce aux livres et aux documentaires

et depuis
je me crois invincible
à pouvoir tout faire toute seule
cuisiner
voyager
danser
pleurer
étudier
mais ce n'est pas vrai
l'être humain n'est pas fait pour vivre seul

le cœur météo

peut-être qu'inconsciemment
j'ai appris à me faire *la plus petite possible*

mélanie joubert

je me fonds dans la masse
cette foule d'humains qui naviguent
dans le même flot, le même courant
direction le métro

le cœur météo

partisante du silence
je subis l'assourdissante ville
étrangère à mon monde
alors que j'y ai grandi

obsession de la mémoire
je veux que tout soit souvenir
ce que mes yeux contemplent et s'horrifient
ce que mes lèvres soufflent et retiennent
ce que mon nez respire et rejette
ce que ma peau rencontre et savoure
ce que mes oreilles découvrent et imaginent
je voudrais pouvoir me souvenir de tout
ne jamais rien oublier
avoir une bibliothèque de ces fragments
et pouvoir à ma guise piocher dedans
quand le doute surviendrait
même les mauvais souvenirs
ils permettent d'avancer
de se construire
d'en vouloir à ceux qui les ont créé
mais aussi de leur pardonner
pourquoi les souvenirs
ne savent-ils pas tenir en place ?

le cœur météo

me comporter comme une enfant
puis râler qu'on me traite comme tel

mélanie joubert

c'est pas facile quand même
de voir le monde à l'envers

le cœur météo

parfois je le vois
comme un grand méchant loup
celui qu'il ne faut pas contrarier
au risque d'y voir sortir ses griffes
celui à qui il faut obéir
pour ne pas se faire punir
moins naïve que le petit chaperon rouge
mais pourtant tout aussi vulnérable
tu nous terrorisais tous
d'une manière ou d'une autre

mélanie joubert

tu m'as retenu de parler
tu m'as interdit de pleurer
tu m'as forcé à manger
tu m'as giflé pour chaque pas de travers
tu m'as empêché d'être moi-même
alors je n'ai jamais su qui j'étais

le cœur météo

j'ai toujours redouté
de le mettre en colère
comme si ma vie
allait dépendre de ses crises

mélanie joubert

j'espère un jour
ne plus te détester
que toute la haine que je te porte
se sera miraculeusement envolée
la douleur et la rancœur avec

le cœur météo

pour la première fois
je me suis opposée à lui
pour lui prouver que moi aussi
j'avais des pensées, des envies
et des rêves à poursuivre
jusqu'à les mener à la baguette
comme il faisait avec moi
sa petite miss parfaite
je ne veux plus être sa petite miss parfaite

mélanie joubert

j'ai hésité
à choisir un nom de plume
pour que le tien ne se mélange pas
à l'encre de mes maux
déposés entre ces pages

le cœur météo

je n'ai connu
que la version primitive de l'homme
celle qui blesse
celle qui crie
celle qui écoute la petite voix dans sa tête

mélanie joubert

si la violence
qui m'habite
est héréditaire,
pourrais-je un jour
m'en défaire ?

le cœur météo

qu'est ce qu'un homme doux, affectueux
qui caresse et embrasse
avec attention et délicatesse
qui souffle des mots agréables
qui rassure les cœurs torturés
qui laisse des post-it mignons
les contes nous mentent
cet homme n'existe pas

alors je me réfugie
dans les bras de ceux qui lui ressemblent
comme si la violence
et l'absence de sentiments affectueux
pouvaient me combler
- *ce que j'ai toujours connu*

le cœur météo

enfant « sage et silencieuse »

mélanie joubert

trop grande pour comprendre

le cœur météo

pause face aux miroirs
leurs pires défauts m'apparaissent
ils m'envahissent tant en surface
qu'ils me rongent à l'intérieur

ils ont laissé déteindre sur moi
leurs pires défauts :
l'égoïsme
l'intolérance
la malsanité
la méchanceté
comment ne pas leur en vouloir ?

le cœur météo

leurs crasses ne m'ont pas seulement salie

elles m'ont métamorphosée
en quelqu'un que je ne suis pas
que je n'étais pas
et que je ne voulais pas être

maintenant
je n'ai plus qu'à tout reconstruire
démêler le vrai du faux
pour retrouver la femme
que je visualisais
dans mes rêves de petite fille

mélanie joubert

me retenir de pleurer
morte-vivante

le cœur météo

« avec des si on referait le monde »
mais sans surprises la fête est moins folle

mélanie joubert

ce serait si pratique
si l'on pouvait obtenir
les prévisions météo
de notre cœur et notre moral
se préparer aux averses
mieux anticiper les tempêtes
et accueillir les éclaircies

le cœur météo

toutefois
si n'importe quelle particule de mon être
mes veines, mes ongles
ou mes grains de beauté
mes lèvres, mes cils ou mes poignets
pouvaient me laisser des indices
ci et là
à la manière du petit poucet
peut-être que je ne me perdrai pas
si souvent

mélanie joubert

je navigue sans cesse
dans les flots de mes souvenirs
je ne sais plus vivre
l'instant présent

le cœur météo

remplir des notes
de mille idées
de mille couleurs

mélanie joubert

le cœur météo

la petite fille
que j'étais
serait si fière
de celle que je suis devenue

mélanie joubert

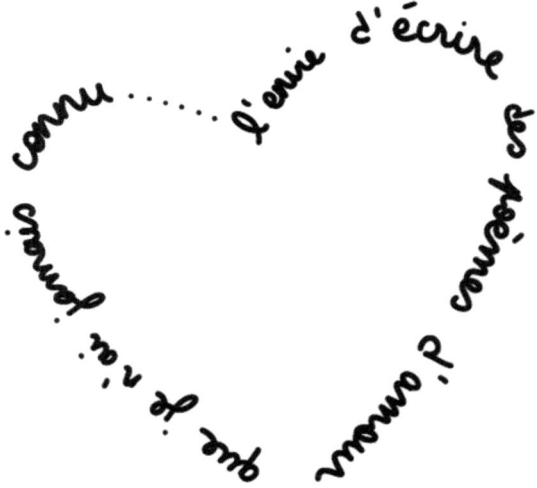

le cœur météo

qui voudra bien lui accorder,
ne serait-ce qu'une parcelle de son cœur,
pour y semer un conte de fées ?

mélanie joubert

j'ai vu
« exposition sur l'amour »
j'ai dit « beurk »
avant de me laisser submerger
par cette overdose de rouge
de cœurs partout
de me surprendre à sourire
et d'espérer le connaître un jour
ce fameux amour avec un grand A(h)!

le cœur météo

je m'étais promis
de ne pas t'accorder un seul vers
mais tu mérites un recueil tout entier
alors voici au moins quelques pages
en hommage à nos sentiments inachevés

mélanie joubert

voir nos ombres cohabiter
dans un silence parfait

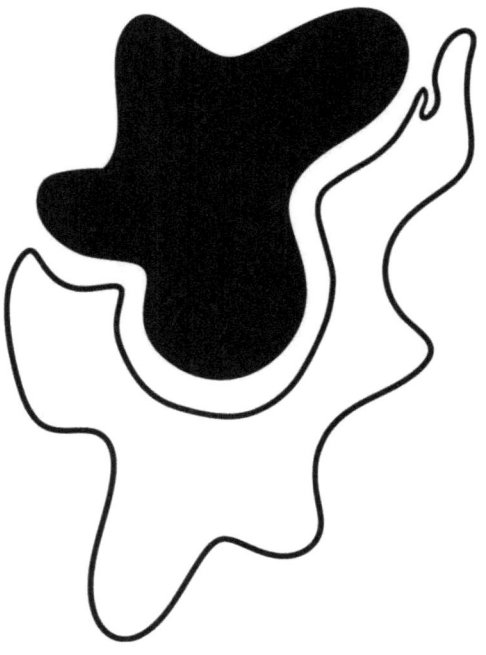

les courbes de mon visage
s'agencent parfaitement à celles de ton cou

le cœur météo

parfois j'y repense à cette nuit
si loin l'un de l'autre
et pourtant plus proches que jamais
ce désir que tu as fait naître en moi
même à des centaines de kilomètres de là

mélanie joubert

Je n'ai jamais réussi à suivre une recette à la lettre - encore moins celle qui portait nos noms. Nous ne manquions ni de sel, ni d'amertume, peut-être que quelques grammes de sucre doux auraient apaisé nos grumeaux ?

le cœur météo

aucun regret
juste une envie de me battre
encore
plus fort
pour nous

ridiculeusement liés
par la force de nos démons
malgré toute la haine qu'ils se portent
toi ou personne

le cœur météo

je te veux
auprès de moi
dans ton entièreté
pas seulement
ton corps et ton cœur
comme toi
mais aussi tes failles
tes démons et tes troubles
je n'ai pas peur
je n'ai plus peur

mélanie joubert

comment oublier
la première personne
à qui l'on a accordé
son ultime confiance,
celle de son intimité ?

le cœur météo

j'ai rembobiné
des centaines de fois
la cassette souvenir
portant ton nom
espérant une fin différente

mélanie joubert

comment leur dire
qu'ils ne seront jamais toi

le cœur météo

ironie du sort
qui aurait pensé que la femme
indépendante que j'étais
pouvait retourner sa veste
de la sorte ?

mélanie joubert

je pourrais écrire
une infinité de pages
à ton sujet
tu es inépuisable
pour ma plume

le cœur météo

les mêmes chansons tristes en boucle
celles qui parlent de toi
                              de nous

mélanie joubert

toutes mes nuits rêvent de toi
depuis que tu n'es plus là

J'aurais voulu que notre relation fonctionne *comme sur des roulettes*. J'adore cette expression. Je nous imagine heureux tous les deux sur un skate alors que ni l'un, ni l'autre ne serait capable de tenir debout sur la planche. Je nous imagine riant si fort qu'on en ferait fuir les oiseaux, qu'on en ferait trembler les arbres de la forêt la plus proche, qu'on en ferait frissonner les nuages au-dessus de nos têtes. Ah ça oui, qu'est ce qu'il y en avait des nuages autour de nous. Des jolis cotonneux dans lesquels tu as envie de te blottir tu sais, puis des bien plus sombres, ceux que tu redoutes au petit matin sur le chemin du travail. Des nuages chargés de larmes, prêts à s'effondrer à la moindre griffure. C'était surtout moi les nuages sombres pas vrai, parce que toi, tu ne pleures pas. J'étais juste un (gros) nuage trop sombre qui prenait trop de place dans ta vie. Je t'en demandais trop, toujours plus, mais parce que c'était... jamais assez. Alors tu as préféré prendre la fuite.

je continuerai de romantiser notre histoire
parce que c'est exactement comme ça
qu'elle aurait dû être écrite
un peu plus belle
un peu plus douloureuse aussi
celles de deux âmes endolories
qui n'ont pas su s'exprimer
dans la même langue
au moment où le destin leur a permis

le cœur météo

ce serait mentir
de dire que je ne te cherche plus
dans chaque brun que je croise
dans chaque photo que je publie

mélanie joubert

j'ai envie de t'écrire une lettre
où je dépose tout ce que j'ai sur le cœur
je la relirai mille fois
pour m'assurer qu'aucun mot
n'est de travers
sur la feuille et dans son contenu, mais
« cette ligne est réservée aux urgences »
alors j'attends patiemment
dans l'espoir que tu sois toujours en vie

le cœur météo

je m'étouffe
avec la peur
de t'avoir perdu
pour toujours

je t'ai pris
pour ce médicament magique
qui saurait soigner mon petit cœur
trop sombre pour ce monde
en réalité
tu l'as sali de toutes tes poussières
tes peurs et tes angoisses
jusqu'à le réduire
en un tas de cendres
un soupir de travers
et me voilà disparaître
dans un univers auquel je n'appartiens plus

le cœur météo

peut-être que dans un monde parallèle
dans lequel nous n'aurions pas été brisés
par la violence de la vie
nous pourrions nous entendre
nous confier
nous aimer
mais pas dans celui-ci

mélanie joubert

ta vie est-elle plus douce
depuis ton départ ?

le cœur météo

seulement un petit message
tout simple
« comment tu vas ? »
et le nœud a refait surface
dans mon ventre
mon cœur
et ma poitrine
alors j'ai compris
que tu avais eu raison
de partir

mélanie joubert

peut-être qu'on se retrouvera
dans cinq, dix, trente ans
nos démons apaisés
plus en proie l'un à l'autre
peut-être
je ne peux pas attendre un *peut-être*

le cœur météo

alors le temps passe
et je brise cœur sur cœur
sans même le faire exprès

mélanie joubert

bien sûr que parfois
tu me manques
mais souvent
le plus souvent
je souris
davantage
depuis ton départ précipité

le cœur météo

quel sentiment divin
de m'être détachée de ton emprise

mélanie joubert

s'il te plaît
ne m'en veux pas
d'avoir trouvé mieux
que toi
que nous
on se tuait à petit feu

le cœur météo

promis tu resteras toujours
dans ma tête
dans mon ventre
dans mon cœur
dans un petit coin à part

mélanie joubert

je n'ai pas peur
de tomber amoureuse
mais d'avoir cru l'être
victime des illusions
de mon cœur météo

le cœur météo

est-ce qu'en parler m'aidera à pardonner ?

mélanie joubert

mais vous savez
plus vous gardez longtemps
un secret enfoui en vous
plus il devient difficile à déterrer

le cœur météo

je crois que j'avais peur
peur d'exploser
si je prenais la parole
peur qu'il m'entende
d'une manière ou d'une autre
peur de ne pas aller mieux
malgré mes aveux

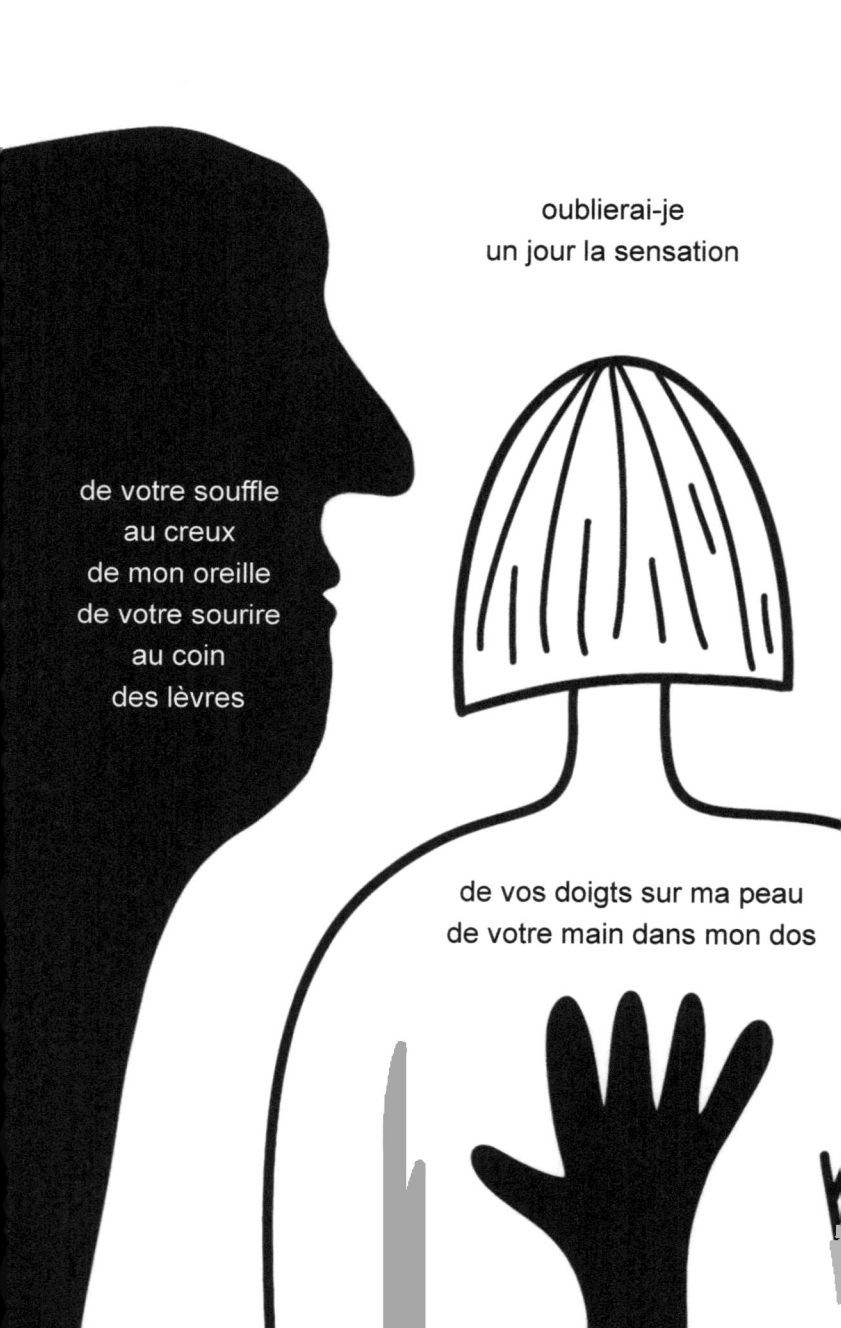

le cœur météo

j'aimerais me rappeler
ce que vous m'avez chuchoté
pour faire volatiliser
votre acte insensé
à tout jamais

j'essaie de me rassurer
encore et encore
me dire
" ce n'est pas grave "
mais ça l'est suffisamment
pour que mon corps oublie
un an durant
ce qu'il s'est passé
ce qu'il m'a fait
- *amnésie traumatique*

le cœur météo

je me vois encore
le regard perdu
les poings serrés
le dos figé
comment ai-je pu oublier ?

mélanie joubert

le problème de vivre des demi-drames
c'est qu'on ose pas s'en plaindre
« certains vivent bien pire »

le cœur météo

mais à trop me taire
ces demi-drames
additionnés dans mon cœur
forment un nœud
trop lourd à porter
en silence

mélanie joubert

est-ce qu'il existe
une échelle de la légitimité
qui m'autoriserait
à aller si mal
pour si peu ?
- *ta souffrance est légitime*

le cœur météo

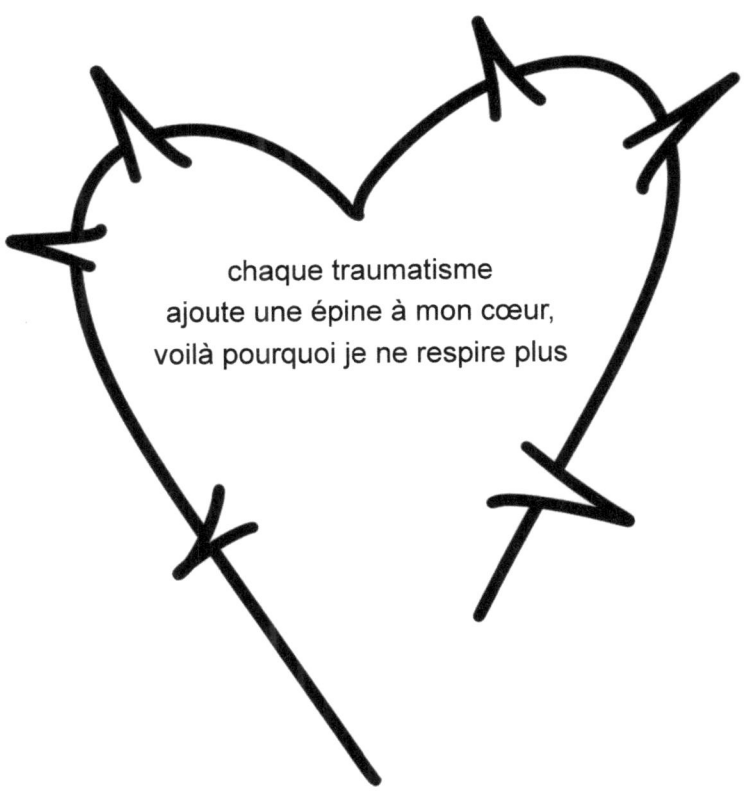

chaque traumatisme
ajoute une épine à mon cœur,
voilà pourquoi je ne respire plus

mélanie joubert

comment
une simple main dans le dos
peut proliférer
tant de dégâts dans mon âme

le cœur météo

à chaque extrait de paume
en relation avec les cellules de ma peau
frissons
je suis imprégnée de son venin
pour toujours

pas un jour ne s'écoule
sans que je songe à cet acte si odieux
ce secret trop précieux qui me ronge
l'estomac
la poitrine
le cerveau
et surtout le dos
craintif depuis votre rencontre
sensible au moindre contact
le voilà qui se braque
frissonne
hurle
la poussière que vos mains ont laissé
et les souvenirs qui en ont ravivé
ce n'était pas le premier
à avoir voulu goûter
à mon dos ensoleillé

le cœur météo

est-ce cet unique acte
à l'origine de tous mes excès ?

mélanie joubert

9 octobre 2023
j'ai quitté le cabinet
les larmes séchées sous mes yeux
un secret plus léger à porter
fin de mon monde malheureux

je n'oublierai jamais
les yeux fuyants de la psychiatre
des histoires comme la mienne
elle a dû en entendre des milliers
et j'ai pensé
« faut être sacrément fou
pour vouloir en faire son métier »

mélanie joubert

la nuit qui a suivi
j'ai dormi tôt
mais peu
comme chaque fois
que j'essaie de faire les choses bien
mon corps me rappelle
que je ne suis pas comme tout le monde
et puis j'avais chaud
la peur me collait à la peau
pourtant je n'avais rien fait moi
ce n'était pas à moi d'avoir peur

le cœur météo

les mots sont sortis
ils ressortiront encore
et encore
et encore
et encore
il faut qu'ils sachent
peut-être que le second recueil
sera le premier finalement

mélanie joubert

imagine un peu
cette course délirante
à slalomer entre les visages âgés
à bord des trottoirs et dans les bureaux
dans les restaurants jusqu'au métro
comment en sortir sereine
quand tous ces cheveux gris m'effraient ?

le cœur météo

comment aurais-je pu imaginer
qu'il fallait me méfier
des mains ridées par les années ?

mélanie joubert

personne ne m'a dit
que je devais me protéger
de ces silhouettes à la figure paternelle
n'est-ce pas *eux*
qui sont supposés nous chérir ?

le cœur météo

c'est en énonçant mon récit
que j'ai compris
ce n'était pas (que) son âge le problème
mais sa *position hiérarchique*

et maintenant que c'est moi la responsable
que mes quelques supérieurs
sont des femmes elles aussi
qu'ai-je à craindre ?
- *d'être mauvaise à mon tour*

le cœur météo

Non, c'est non !

mais c'est que quand ça vous arrange

longtemps
cette pensée en boucle
pourquoi moi ?
jusqu'à temps de me rendre compte
qu'on était presque toutes dans ce cas-là

le cœur météo

maintenant que le secret
avait été dévoilé une fois
j'eus envie de le crier
sur tous les toits
combien il m'avait brisé
d'un simple geste de sa main
je n'ai plus peur de dénoncer les vilains

mélanie joubert

j'ai lu les témoignages
j'ai vu leurs stories
comment peuvent-ils acclamer
celui que nous devrions fuir ?

le cœur météo

« la honte doit changer de camp »
pourtant jamais je ne les ai vu avoir honte
d'être les horreurs qu'ils étaient

mélanie joubert

je cherche dans chaque regard d'homme
l'approbation
la fierté
que je n'ai jamais vu
ni dans les pupilles de mon père
ni dans celles de mon patron
pourquoi les avis des femmes
ne me suffisent-ils pas ?

le cœur météo

quatre conquêtes parallèles
à quel jeu suis-je en train de jouer ?
on ne m'a pas donné les règles

mélanie joubert

je joue avec les hommes
comme des pions sans âme
rien qu'une vengeance
envers des innocents
c'est un peu comme si
soudainement
on attaquait un pays étranger
avec pour seule raison
les souvenirs d'un passé
douloureux et vaincu

le cœur météo

je te regarde
sourire aux lèvres
et me dis que c'est peut-être toi
sauf que je me dis ça
à chaque fois
(et ce n'est jamais le cas)

mélanie joubert

il ne manquerait plus
qu'un m'avoue m'aimer pour de vrai
d'un amour qu'on ne contrôle pas
je ne saurais pas gérer
tout ça c'était pour rigoler

le cœur météo

je ne veux même pas
de tous ces hommes
qui me tournent autour
j'essaie simplement
de faire oublier à mon corps
les traces indélébiles qu'*il* a laissé
sans mon accord

mélanie joubert

je ne vivais que
dans le prisme de ces hommes
qui vantaient mes courbes
comme si je n'étais rien d'autre

le cœur météo

comment ai-je pu passer
de la petite fille repoussante
à celle qui ne plaît que par son corps

mélanie joubert

je n'ai pas appris
à me cultiver
à être curieuse
à m'enrichir
de savoirs-faire et connaissances
maintenant je ne suis qu'une coquille vide
de pensées et d'opinions
- *plante verte*

le cœur météo

comment changer qui l'on est
si on ne sait pas qui l'on veut devenir ?

mélanie joubert

tout casser
tout brûler
ces mots qui témoignent
ces maux qui cognent

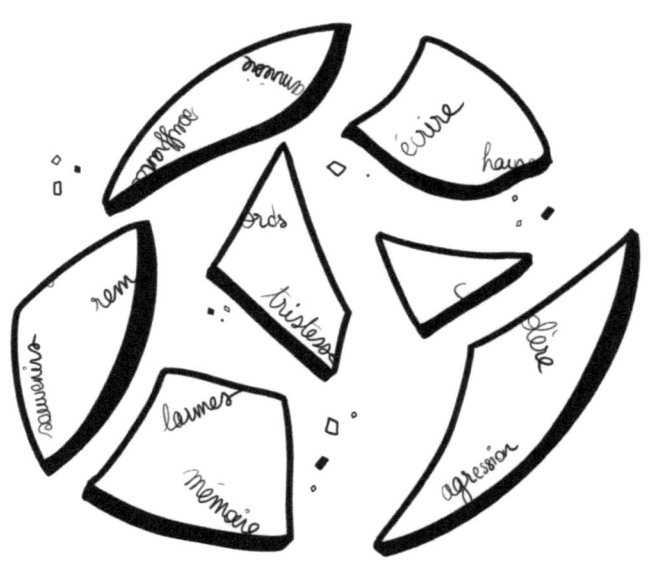

le cœur météo

l'expression en vogue
« vivre pour les caméras »
prenait tout son sens avec moi

mélanie joubert

je crois que je ne me l'avoue toujours pas
mais grossir me terrifie
pourtant je rêve de prendre quelques kilos
mais une fois mon ventre plat arrondi
après un week-end trop festif
je saute un repas
parfois même deux

le cœur météo

« Ce ne serait plus *moi*
si je n'avais plus ce corps-là »

mélanie joubert

alors la seule solution que j'ai trouvé
c'est d'apprendre à aimer
ma peau sur mes os
chérir mes non-formes
accepter ma silhouette
bien que malade selon les statistiques

le cœur météo

et puisque visiblement
je plais comme je suis
je resterai
faussement malade

mélanie joubert

j'espérais que verbaliser le souvenir
me soulagerait d'un poids
ce n'est pas juste une brique
mais tout un mur qui a cédé en moi

le cœur météo

puis un matin
tu te lèves en acceptant l'idée
que tu ne mérites pas tant de souffrance

mélanie joubert

j'ai appris à aimer
certaines parties de moi
les mettre en avant
à ne plus voir qu'elles
et me trouver jolie

le cœur météo

m'exprimer
c'était ma hantise
aujourd'hui j'utilise ma poésie
et rattrape le temps perdu

mélanie joubert

parfois je m'imagine
prendre la parole
sans crainte ni bégaiement
sans mains tremblantes ni regards fuyants
la tête haute, le menton relevé
yeux plantés
dans ceux de mes interlocuteurs
- *exercice oratoire*

photographie, voyage, voitures, rêve ultime, peurs, travail, nuances du ciel, montagne, musique, art, plantes, souvenirs, passions, amis, météo, couleurs, animaux

liste de sujets de discussions à aborder

saveurs, astronomie, cinema, bonnes adresses, litterature, jeux de société, écologie, météo du coeur, danse, famille, enfance, faits divers, intelligence artificielle

mélanie joubert

le jour
où j'ai compris
que je ne pouvais pas
redevenir celle que j'étais
avant le drame
la vie
m'a miraculeusement souri
j'ai appris
à maîtriser mes crises
à savourer les petits riens
et la confiance
s'est emparé de mon corps
enfin

le cœur météo

désormais
j'ai peur de l'oubli
ce besoin constant de mémoire
conserver une trace
écrite ou photographique
de chaque expérience vécue
celles à revivre mais aussi les pires
ne jamais oublier ce que j'ai traversé
pour devenir celle que je suis
aujourd'hui

mélanie joubert

je ne sais pas
si ce que j'écris est
beau - intéressant - inspirant
mais mes mots me libèrent
et c'est tout ce qui compte

le cœur météo

je me pliais en quatre pour plaire
alors qu'il me suffisait
d'étirer de tout mon long
mon corps et ma personnalité excessive
pour attirer à moi tout ce que je voulais
- *être soi-même*

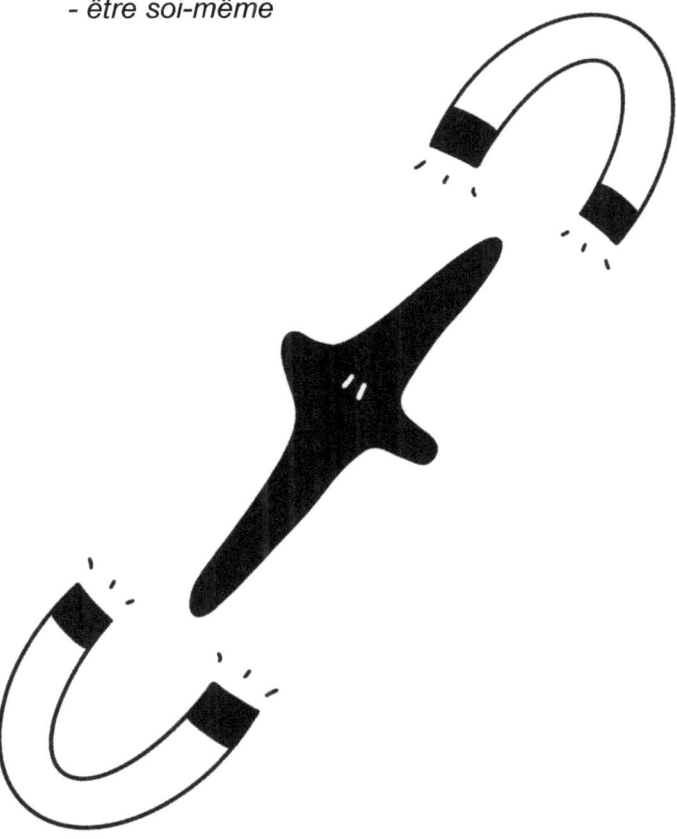

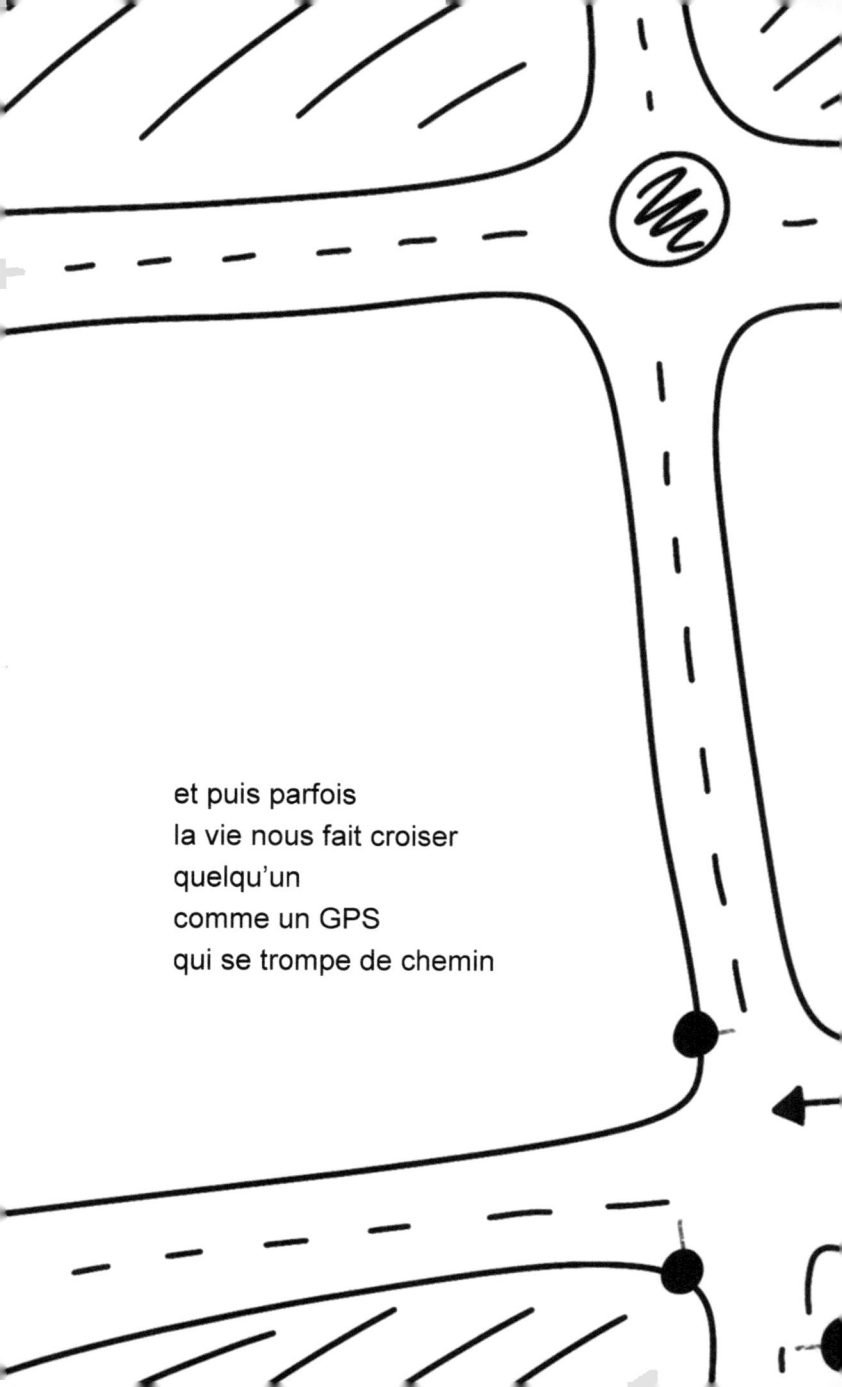

et puis parfois
la vie nous fait croiser
quelqu'un
comme un GPS
qui se trompe de chemin

le cœur météo

n'aie pas peur
de mes orages intérieurs
ils vont nous permettre d'avancer
de nous aimer
ce sera beau
je te le promets

mélanie joubert

il était un poème à lui seul
toujours les bons mots bien placés
pour apaiser mon cœur
ce sourire synonyme de rimes parfaites
ce visage rayonnant
comme un soleil au zénith

le cœur météo

sous mon nez depuis des mois
et pourtant t'es apparu
comme un cheveu sur la soupe

mélanie joubert

dans la pupille de tes yeux
j'ai vu
de l'amour
de la joie
de la vie
j'ai vu : moi
et ça m'a fait sourire

le cœur météo

son regard émeraude
me rappelle que je suis
belle
forte
courageuse
ses mots tendres
soulignent ma fragilité

mélanie joubert

je veux me plonger
dans ses yeux noisette
au contour vert cacahuète
pour l'éternité

le cœur météo

à travers tes yeux
ma vraie personnalité
n'a pas peur de s'exprimer
je me sens en sécurité

mélanie joubert

je t'ai pris pour une étoile filante
tu sais
cette lueur d'espoir
quand tout devient trop sombre
ce miracle qu'on n'attend plus
qui fera pencher la balance de la vie
du bon côté

le cœur météo

me voilà
moi, l'anti-romantique
à sourire à ses mots
à capturer ses regards
sa flèche m'a transpercée
dans un monde rose inconnu
mais je crois que pour une fois
je suis curieuse de le découvrir
sans peur

(je ne me ressemble plus lorsque je tombe amoureuse)

mélanie joubert

et c'est au sommet de cette grande roue
ton regard épinglé dans le mien
que tu m'as dit
« regarde-moi cette vue
comme on est pas bien là ?
je veux revivre tout plein
de beaux moments avec toi »

le cœur météo

ne me demandez pas
s'il s'agit du bon
ça ne l'est probablement pas
pour toute la vie
mais pour l'instant si

mélanie joubert

je me sens
de nouveau complète
à ses côtés
comme s'il avait ranimé
le vide oublié
de l'enfant que j'étais

le cœur météo

j'ai rempli
mes poches
mes yeux
et mon cœur
de tout l'amour
que tu savais m'apporter
me donner
me confier
promis j'en prendrai soin

mélanie joubert

il m'a recueilli
comme un oisillon
tombé de son nid

12 août 202N
pluie (d'étoiles filantes)
sous mes yeux

12 août 202N+1
pluie d'étoiles filantes
dans mon cœur
(mais je ne le savais pas encore)

mélanie joubert

petit à petit
je n'ai plus peur
des voix rauques
des bras musclés
des paumes abîmées
par la violence

le cœur météo

envie de faire
de mon cœur météo
un sombre mémorial
de toutes mes craintes
du sexe opposé

mélanie joubert

désormais je refuse
de laisser mes démons du passé
m'envahir
me contrôler
me tirer vers le bas
je ne suis pas encore parfaitement moi
mais en route pour le devenir

le cœur météo

l'envie de sourire
à tout humain
à toute feuille
qui tombe
de leur souffler
que l'hiver ne sera pas fatal
qu'il ne le sera plus jamais
que le givre conserve leur cœur
le temps qu'il fleurisse à nouveau

mélanie joubert

un petit pas pour moi
un grand pas pour mon sourire

le cœur météo

quel sentiment plus puissant
que celui de ne plus avoir peur
de tout ce qui m'a atterré
ces dernières années

toutes les larmes versées pour toi
transformées en pelote de courage
que je te lance de temps à autre
pour t'en insuffler à toi aussi
- *sans rancœur*

le cœur météo

la différence de teint
entre mon bras et mon sein
montre que le soleil ne s'est pas
complètement éteint
que l'espoir guette son tour
pour faire son grand retour
dans ma vie

mélanie joubert

sur ses joues dévalent des rivières
des larmes de honte
des torrents de colère
des vagues de résilience
pour enfin se repêcher
espérante et vivante
se sauver de ce naufrage
danser le tango sous l'eau
à nouveau

le cœur météo

je serai là
drapeau en main
pour te féliciter
sur la ligne d'arrivée

mélanie joubert

comme un breuvage magique
je ne capte plus
les énergies qui m'agressent
je vis dans ma bulle
plus de mauvaises ondes
que du soleil

le cœur météo

comme un déclic
je souris à la vie
qui ne m'a pas assez fait mal
pour me détruire complètement
- *fière de moi*

mélanie joubert

ça faisait un bail
que je n'avais pas cru l'apercevoir
je crois que je l'avais même oublié
est-ce donc ça guérir ?

le cœur météo

« tu es celle que tu rêvais être un jour »
il y a un mois
il y a un an
il y a dix ans
un jour, tu as rêvé de tout ça

mélanie joubert

la gratitude est si grande
brûlante à en contaminer
tous ceux qui s'approcheront
de la nouvelle moi

le cœur météo

ils ont rendu mon âme funambule

mélanie joubert

ils ont essayé de me terrasser
j'ai essayé si fort aussi
jamais plus personne ne m'empêchera
d'avoir un cœur ensoleillé

le cœur météo

se rapprocher des nuages
jusqu'à les surpasser
comme si plus rien
ne pouvait nous arrêter
surprendre les rayons du soleil
percer les amas de coton
et finalement vu d'en haut
ça ne donne plus tant envie
de sauter dedans

mélanie joubert

je ne veux plus m'éloigner
du soleil
des rires
des souvenirs
mais laisser derrière moi
les nuages
les cauchemars
la violence

pour prolonger l'aventure...

Découvre la playlist Spotify dédiée pour t'immerger à 100% dans l'univers de mon *cœur météo* !

Et de nouveaux contenus à retrouver dès à présent sur Instagram : @melawrite

Remerciements

C'est avec beaucoup d'émotions que je dégaine mon carnet dans le train, direction la maison, après avoir puisé mes dernières cartouches d'inspiration auprès du soleil sudiste.

Le cœur météo, mon tout premier recueil. Celui qui sort de mes tripes, réunissant mes joies et traumatismes. Le tout premier, mais probablement pas le dernier (peut-être que le titre du prochain se cache entre ses pages...).

Ce projet n'aurait jamais pu voir le jour sans l'aide et surtout le soutien de mon entourage. Mes premières pensées vont évidemment à Dorine et Annabelle, qui ont su m'encourager et me conseiller sur chacun des poèmes que vous avez lu.

Plus largement, merci à tous mes amis pour votre soutien depuis l'annonce que je vous ai spécialement faite (un peu trop anticipée oups). Manon, Camille (x2), Andréa, Maud, vos messages m'ont tellement aidé à croire en mes mots.

Merci à ma maman, pour m'avoir transmis sa force de vivre et, indirectement, ce besoin d'indépendance. Cet ouvrage a été conçu de A à Z par mes petites mains, et malgré tous les doutes et les galères, j'en suis aujourd'hui très fière.

Merci à *lui*, pour l'inspiration sans limite durant ces dernières années. Peut-être que j'avais besoin de l'écrire une centaine de fois pour le comprendre. Tu occuperas toujours une petite miette de mon cœur.

Enfin, merci à toi, qui me lit et par conséquent soutient mon art. J'espère que mes mots t'auront transmis un peu d'espoir.

melawrite ♡